TUCÁN

La pastelería de doña Remedios

Agustín Fernández Paz

La pastelería de doña Remedios

Ilustraciones: Mabel Piérola

edebé

Título original: *A pastelaría de dona Remedios*

Paseo de San Juan Bosco, 62
08017 Barcelona
www.edebe.com

Directora de la colección: Reina Duarte
Diseño de las cubiertas: César Farrés
Ilustraciones: Mabel Piérola
Traducción: Isabel Soto

2.ª edición

ISBN 978-84-236-8863-0
Depósito Legal: B. 206-20010
Impreso en España
Printed in Spain
EGS - Rosario, 2 - Barcelona

Índice

1
Un lugar llamado «El Paraíso»

La pastelería de doña Remedios es la más famosa de toda la ciudad. Su nombre es «EL PARAÍSO», como proclama el cartel de letras doradas colocado sobre la puerta y el amplio escaparate.

Siempre hay algunos niños con la nariz pegada a los cristales, devorando con los ojos las bandejas repletas de pasteles, la riquísima variedad de bombones, las tartas de tantos sabores tentadores... Sí, son mu-

chas las personas que entran en la tienda cada día. Y siempre salen convencidas de que aquel lugar es realmente un paraíso.

A la pastelería no sólo acude la gente de la ciudad. Todos los días hay personas que vienen desde lugares alejados, en busca de las especialidades más apreciadas: las exquisitas cestas de arándanos y frambuesas, los deliciosos hojaldres perfumados de canela, las cañas rellenas con la crema más delicada, las tartas de chocolate casi mágicas…

Estas maravillas nacen a muy pocos pasos de la tienda. Si se atraviesa la puerta que hay al fondo del local y se recorre un corto pasillo, se llega al obrador de El Paraíso. El reino de doña Remedios, el lugar donde cada día se elaboran los exquisitos pasteles que después harán feliz a tanta gente.

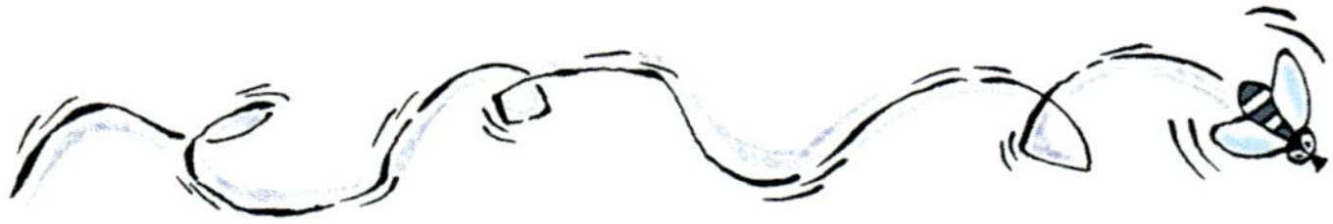

Como todas las tardes, doña Remedios se encuentra hoy en el obrador, organizando las tareas del día. Con ella trabajan Charo y Lola, las pasteleras que elaboran tantas delicias con sus manos. También Santi está por allí; aunque hace poco que trabaja en El Paraíso, ya lleva camino de ser el repostero más hábil. Completa el grupo el señor Adrián, encargado de atender los hornos que inundan de aromas la pastelería.

Hoy hay mucho que hacer y nadie descansa. Santi pesa los ingredientes en la báscula, pues en su medida exacta está el secreto de los sabores. Lola ya tiene lista la masa de las cañas y ahora empieza a estirarla con mimo sobre la mesa metálica. Charo revuelve la crema, siempre al mismo ritmo, para que alcance su punto.

Y doña Remedios, con su cuerpo redondo y su andar alegre, va de un lado a otro, dirigiéndolo todo.

2
Alarma en la pastelería

De repente, doña Remedios se detiene, como si unas cuerdas invisibles la sujetasen en el aire. Acaba de mirar el calendario de la pared y, al momento, una viva expresión de espanto asoma en su rostro.

—Lola, ¿qué día es hoy? —pregunta con voz temblorosa.

—Día veintisiete, doña Reme. ¡Pronto se acabará el mes! —contesta la joven, con expresión alegre.

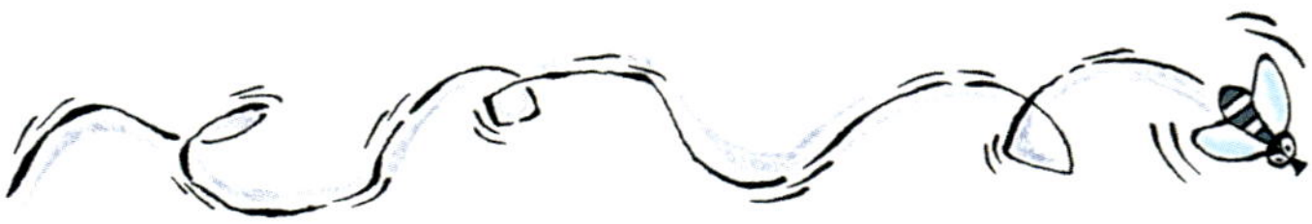

—No, mujer; me refiero a qué día de la semana. ¿A qué estamos?

—A jueves. Estamos a jueves. Hoy es el último del mes.

En cuanto pronuncia estas palabras, Lola interrumpe su trabajo y observa asustada a doña Remedios. También Charo deja de revolver la crema, mientras en la cara se le dibuja una expresión de temor. Santi aparta los ojos de la balanza y mira ansioso a todos lados, como si temiera el ataque de algún enemigo desconocido. Y el señor Adrián saca la cabeza del horno que estaba limpiando, pues quiere saber si es cierto lo que acaba de oír.

—Hoy es el último jueves del mes, ya lo habéis oído. Y sabéis muy bien lo que eso significa —doña Remedios habla con voz pausada, marcando las palabras una

a una—. También yo estoy asustada, y mucho. Pero, si actuamos correctamente, no tiene por qué ocurrir nada malo.

Como todos continúan mirándola, parados como estatuas, añade con aire enérgico:

—¡Daos toda la prisa que podáis! ¡Venga! ¡Tenemos que arreglarlo todo antes de que lleguen!

3
La misteriosa maldición de los jueves

Lola ha acabado de estirar la masa y ahora la cubre con paños blancos para que repose algún tiempo. Después habrá que cortarla en rectángulos y enrollarla alrededor de los moldes. Mientras espera, recuerda el último jueves del mes pasado. Aquel día había estado media tarde preparando con mimo la crema de chocolate que recubriría los pasteles. Cuando ya había acabado y se disponía a

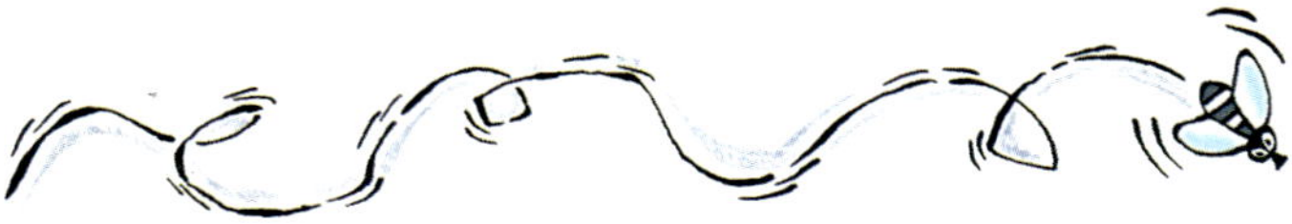

taparla, escuchó un ruido extraño en uno de los estantes. Al levantar la vista, había contemplado horrorizada cómo el tarro de la sal caía en el recipiente y estropeaba toda la crema.

Sí, ella ya suponía que había sido sin querer; algunas veces las cosas ocurren y nadie tiene la culpa. El niño se había enredado el brazo en un hilo suelto del paño que recubría el estante y había acabado arrastrándolo con él. Y así, al día siguiente, nadie había podido comprar los famosos dulces de chocolate de doña Remedios. ¡Maldito hilo!

Charo sigue revolviendo la crema, que ya casi está a punto. Y, sin poder evitarlo, le viene a la memoria aquella tar-

de horrible que no se le va de la cabeza. Ella trasladaba el carro con las bandejas llenas de tartaletas para hornear. Con mucho cuidado, como siempre hacía. De repente, había sentido algo extraño bajo su pie, algo redondo que la hizo resbalar y perder el equilibrio. Antes de que pudiera darse cuenta de lo que había ocurrido, se encontró sentada en el suelo, con las tartaletas desperdigadas a su alrededor. ¡Qué desastre!

¿Cómo iba a saber Charo que el niño tenía agujereado un bolsillo del pantalón y que por allí se le escaparía una canica? Una bola diminuta que rodó y rodó por el suelo hasta acabar justo bajo su pie.

Había sido un jueves, el último del mes, imposible olvidarlo nunca.

«¡También era un jueves como hoy aquel día funesto! Aún no comprendo cómo doña Remedios no me despidió al momento», piensa Santi. «¿Cómo pude confundir el tarro de la pimienta con el de la canela? ¿Cómo aparecieron cambiados en el estante?» Se había dado cuenta del error en el mismo momento en que lo vaciaba en la masa, pero ya no había remedio: ¡adiós a los hojaldres de canela!

El niño, sentado a poca distancia, lo miraba fijamente con expresión de inocencia. Le habían entrado ganas de zarandearlo en el aire y gritarle cuatro cosas a aquel torbellino, pero había conseguido reprimirse. ¿Cómo reñirle, si aparentemente no había hecho nada?

Doña Remedios tampoco puede apartar de su memoria otros desastres recientes. ¡Siempre aquellos fatídicos jueves de fin de mes!

Y recuerda el inexplicable corte de luz, que afectó sólo al obrador. Después habían descubierto que los interruptores de seguridad estaban bajados, pero nadie se explicaba cómo había sucedido algo así.

O la misteriosa aparición de hormigas en la crema de las cañas. ¡Cómo se había sonrojado el niño cuando las habían descubierto!

O el tarro de la vainilla que se había caído desde un estante y se había hecho añicos en el suelo, inundando el aire con su polvo perfumado. Ese día hasta había pensado en brujerías, y en si aquel niño sería normal o estaría dominado por algún hechizo.

Por eso hoy todos se afanan en acabar sus tareas. Lola se apresura y Charo también. Santi, el que más. El señor Adrián espera, con los hornos a punto. Y doña Remedios mira el reloj una y otra vez. Pronto darán las seis, y entonces cualquier cosa puede suceder.

4
Una fábrica frenética

El último jueves de cada mes, doña Remedios recibe la visita de su hermana Antonia. Antonia es su hermana pequeña, a la que más quiere; para ella es casi como la hija que nunca ha tenido. Llega siempre a las seis de la tarde, sin fallar ningún mes, como si una fuerza misteriosa la arrastrase hasta las puertas de El Paraíso.

A Antonia siempre la acompaña su hijo Luis, que todavía no ha cumplido los ocho

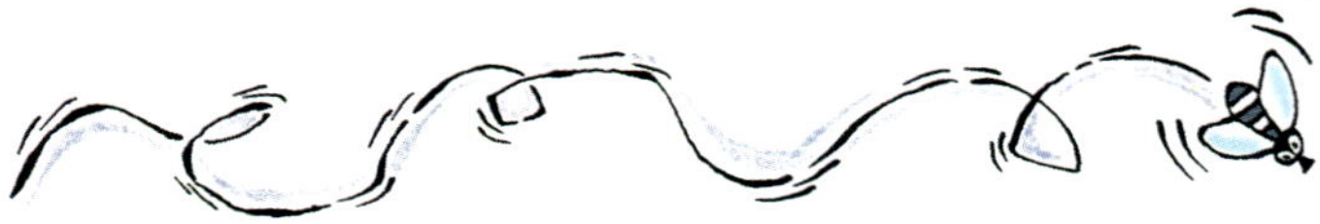

años. Luis tiene el pelo lleno de remolinos y unos ojos grandes y vivos que observan el mundo con permanente asombro. Es curioso y juguetón, no lo puede evitar. Y vuelve loca a su madre, siempre temerosa de que el niño provoque un terremoto a su alrededor.

Sin que él lo sepa, Luis es el responsable de que esta tarde el obrador parezca una fábrica frenética donde nadie descansa. ¡Quieren que el trabajo esté listo antes de que él llegue!

—Tal vez hoy su hermana venga sola —aventura Charo, que ya ha acabado con la crema y ahora ayuda a Lola a preparar las cañas.

—¡Ni lo sueñes, mujer! ¿Con quién va a dejar a Luisito? —responde doña Remedios—. Además, es mejor que lo

traiga, también tengo ganas de verlo. ¡Pobrecito!

—Pobrecito, sí. ¡Un revoltoso y un trasto, eso es lo que es! —interviene Lola—. Cada vez que viene ocurre un desastre.

—El chico es bastante inquieto, pero tiene buen corazón —insiste doña Remedios—. Le echáis todas las culpas sin tenerlas. ¿No veis que fueron casualidades? ¡Él no tiene la culpa de que los accidentes ocurrieran cuando estaba aquí!

—Yo no creo en tantas casualidades —refunfuña Santi—. ¡Acuérdese de lo de las hormigas...! ¿Quién las iba a traer, sino él? ¡Aquel día creí que lo pillaba!

—¡Dejadlo ya, son cosas pasadas! Si habéis arreglado todo como os he dicho, hoy va a ser la tarde más tranquila que hemos tenido en mucho tiempo —concluye doña Remedios.

Todos se afanan en acabar su trabajo. Las bandejas con las tartas y pasteles ya están preparadas para entrar en el horno. Las cañas se hornearán al final, como siempre. La crema está guardada en la nevera, así como el chocolate. Y un gran paño blanco, sujeto entre dos altos carros móviles, de los utilizados para trasladar las bandejas, oculta el tesoro más preciado del obrador. Es un encargo especial para el banquete que dentro de dos días se celebrará en el Casino, y ya casi está completamente listo.

5
Una charla en la calle

Antonia y su hijo Luis acaban de bajar del autobús. La parada está justo enfrente de la pastelería; desde ella se ve muy bien el llamativo cartel de letras doradas. La madre se agacha hasta que su rostro y el del niño quedan a la misma altura.

—¡Ya sabes lo que te he dicho en casa! Pórtate bien, que no te lo tenga que repetir. Esta vez no quiero que haya ningún problema.

—Sí, mamá —contesta el niño, mientras mira con impaciencia hacia el otro lado de la calle.

No acaba de entender por qué su madre le hace tantas advertencias.

—¡Como hoy hagas alguna de las tuyas, no vuelves más! La tía Remedios no me ha dicho nada de no traerte, pero es porque no se atreve. ¡Seguro que ganas no le faltan!

—La tía Reme me quiere mucho. Siempre me lo dice —se defiende Luis.

—Ya sé que te quiere. Pero debes quedarte donde te digan, sin tocar nada. ¡Se mira, pero no se toca! ¿Me has oído?

—Sí, mamá.

—Tú siéntate donde te manden, y no te levantes de la silla para nada. Aunque

veas que se cae el mundo a tu alrededor, tú ni te muevas.

—No me moveré, mamá.

Antonia se levanta y lo agarra de la mano. Empieza a andar en dirección al paso de peatones, pero se detiene antes de cruzar:

—¡Los bolsillos! Enséñame los bolsillos, venga. ¿No llevarás ninguna canica en ellos, como aquel día? ¿Y bichos? ¿No tendrás bichos en alguna cajita: un grillo, una araña...? ¡Venga, mira bien!

—¡Que no, mamá! —protesta Luis, cada vez más impaciente.

Se mete las manos en los bolsillos y saca un pañuelo, dos pinzas de la ropa, un coche de plástico rojo, tres chapas de refrescos, algunos cromos arrugados y un sacapuntas. Después les da la vuelta a los forros, para que la madre se convenza.

—Te van a dar de merendar, no comas de más. Acuérdate del día que te pusiste enfermo y tuvimos que llevarte a urgencias —le recuerda su madre—. Cuando estés lleno, paras y dejas en el plato lo que te sobre.

—Antes era más pequeño, mamá —protesta Luis—. Ya no volverá a pasar, te lo prometo.

—Y sé educado. Le das las buenas tardes a todo el mundo. También a Santi, ¿entendido?

Como el niño ya la mira resignado, Antonia da por terminada la charla y empieza a cruzar el paso de peatones. Al poco tiempo, los dos están ante la puerta de El Paraíso.

6
Una merienda exquisita

Al abrirse, la puerta del local hace sonar unas diminutas campanitas que siempre fascinan a Luis. Teresa, la chica que despacha en la tienda, sabe perfectamente quiénes son los dos visitantes. Los saluda con una sonrisa y les abre la puerta que da acceso a la parte de atrás.

Cuando entran en el obrador, doña Remedios se acerca alegre hasta ellos. Abraza a Antonia, tan menuda que parece desaparecer entre el voluminoso cuerpo de su hermana. Después abraza a Luis contra su pecho y lo llena de besos, como siempre hace. La tía Reme huele a vainilla, a canela, a miel, a mantequilla, a todos los perfumes maravillosos que llenan el aire del obrador. Al niño le han desaparecido los temores que traía y ahora se siente feliz.

La tía lo toma de la mano y le pregunta:

—¿Qué tal estás hoy, Luisito? ¡Cómo has crecido desde el mes pasado! ¿Verdad que te apetece una taza grande de chocolate calentito, con esas pastas tan ricas que hago yo?

Luis mira a su madre, interrogándola con los ojos. Antonia asiente con la cabeza. Entonces la tía lo lleva hasta una mesa situada al fondo del recinto, muy próxima a la puerta que da al jardín. Alrededor de

la mesa no hay nada, sólo la silla para sentarse. Parece una isla cuadrada, rodeada de un mar de baldosas por todas partes.

En la mesa está todo preparado. Una jarra humeante, llena de chocolate, que desprende un aroma divino. Otra más pequeña, con leche. Una taza para el chocolate y un vaso para la leche. Y una bandeja con la mayor variedad de pastas y dulces que se pueda soñar.

Antes de comenzar el festín, Luis mira a su alrededor. Mamá y la tía, sentadas en otra mesa próxima a la ventana, están hablando de sus cosas. El señor Adrián vigila los mandos de los hornos, encendidos ya desde hace tiempo. Charo y Lola llenan las primeras bandejas de cañas. Y Santi les da los últimos retoques a los pasteles que pronto hornearán. De vez en cuando, con disimulo, lanza una mirada feroz en dirección al niño.

Este jueves, por fin, todo marcha bien en el obrador de la pastelería El Paraíso.

7
Una mosca en El Paraíso

—Santi, vete a buscar las frambuesas —le dice Charo a su compañero—. Ya deben de estar descongeladas.

Luis ve cómo Santi pasa a su lado, siempre con cara de pocos amigos, y abre la puerta de atrás, la que conduce a un pequeño jardín interior. El niño ya lo conoce de otras veces; es maravilloso estar allí en las calurosas tardes de verano. Hay una fuente de dos caños, algunas camelias, varios naranjos enanos. A un lado hay también

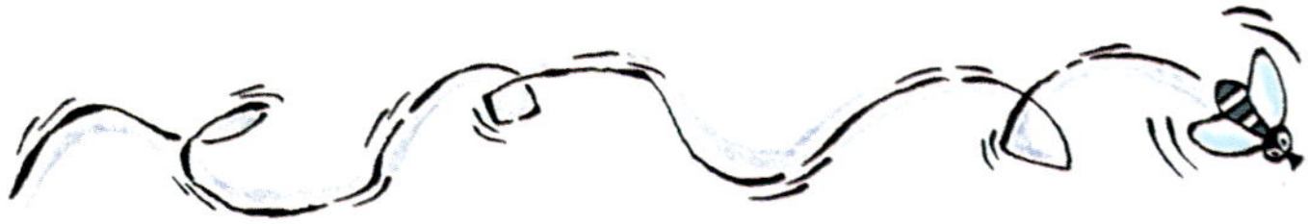

una mesa con dos bancos de piedra, rodeados de macetas con muchas flores diferentes.

Santi regresa con varios tarros de cristal en la mano. En su interior están las frambuesas que congelaron con especial cuidado en el mes de junio, cuando su delicado aroma es más intenso.

Luis lo sigue con la mirada. Y, de pronto, descubre algo terrible. Por detrás de Santi vuela una mosca, una gran mosca negra, que ha debido de colarse por la puerta del jardín. ¡Una mosca en El Paraíso!

El niño sabe muy bien que la presencia del insecto enfadará a la tía Remedios. Cuando lo vea, le dará un ataque de nervios, ya casi puede oír sus gritos. «¡En el obrador no entra ningún bicho!», se lo ha

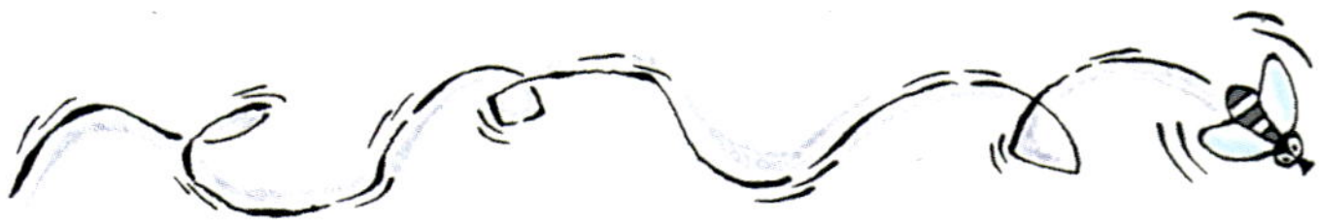

escuchado más de una vez. Además, ésta es una mosca grande y brillante, casi un moscón. ¡Qué asco!

Luis se calla. Nadie más se ha dado cuenta de la presencia del animal. La mosca revolotea por la zona próxima a la puerta, cerca de donde él está. Todavía no ha descubierto la fiesta de azúcares que le espera más adelante, en las bandejas repletas de pasteles.

De repente, a Luis le asalta un temor. ¿Y si creen que ha sido él quien la ha traído? ¿De qué servirá que lo niegue? ¡No lo creerán, y menos Santi! Quizá ni siquiera su madre lo defienda. Si ven aquella mosca está perdido, nunca más le dejarán poner los pies en El Paraíso.

Entonces Luis se fija en el vaso vacío que le han puesto para la leche y se le ocurre una idea genial. ¡No puede fallar!

Mete la cuchara en el chocolate y, con disimulo, vierte unas cuantas gotas sobre la mesa. Repite la operación varias veces, hasta formar un pequeño charco marrón en el mantel. Y después permanece inmóvil, esperando que el intenso aroma llegue hasta el insecto.

La mosca se acerca a la mesa. ¡Acaba de descubrir el chocolate! Desciende y vuela una y otra vez sobre el charco marrón, en rápidas pasadas exploratorias. A veces parece que se va a posar, pero, en el último momento, siempre se retira y vuelve a tomar altura.

Luis no se atreve ni a respirar, sabe que es su presencia lo que la disuade. Ahora la mosca regresa, decidida. ¡Un vuelo direc-

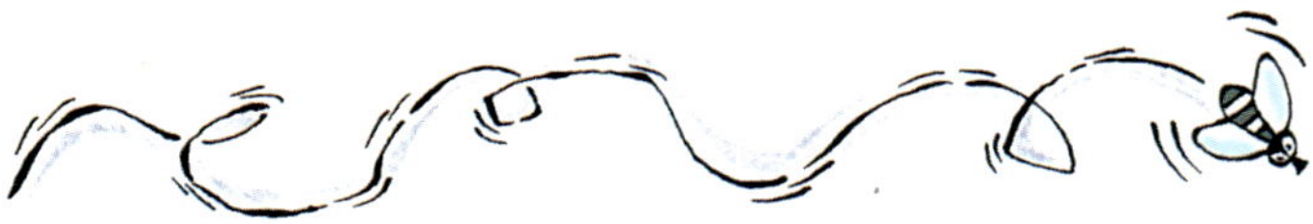

to, pues aterriza justo en el borde del chocolate! Después hunde bien las patas en el líquido pegajoso y se pone a chupar con avidez.

El niño ya no resiste más. Con un movimiento veloz, coloca el vaso boca abajo, sobre la mancha de chocolate. Al insecto ni le da tiempo a reaccionar. ¡Está atrapado en el interior del vaso!

8
El desastre más temido

—¡La mosca! ¡He cazado la mosca! —grita Luis, mirando hacia el lugar donde hablan su madre y la tía Reme.

Por un momento, en la cara de todos aparecen expresiones de desconcierto. La primera en acercarse es su madre, que lleva toda la tarde pendiente de que no ocurra nada. Doña Remedios se levanta con rara agilidad y va también hasta el niño. Tras ella, Lola y Charo. Y después, Santi y el señor Adrián.

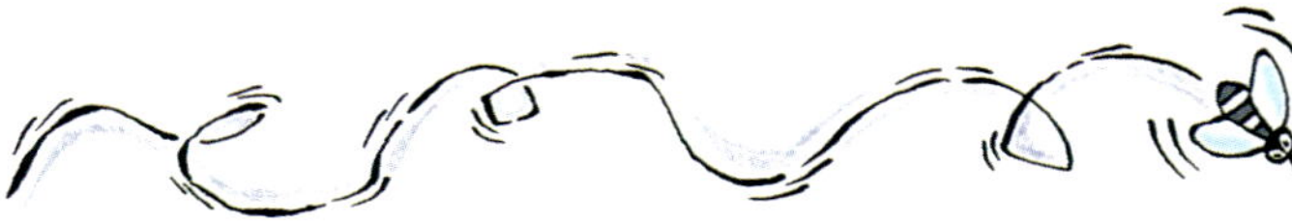

Todas las miradas se detienen en el vaso. En su interior, la mosca se golpea inútilmente contra la barrera de cristal. Vuelve a posarse en el charco de chocolate y lo intenta de nuevo, y así una vez tras otra. Pero no hay salida para ella.

Luis cuenta lo ocurrido, con entusiasmo. Desde la entrada del animal siguiendo a Santi hasta la estrategia que ideó para cazarlo. ¡Gracias a él, El Paraíso sigue a salvo de los bichos!

—¡Mi cazador! —la tía Reme luce una sonrisa de oreja a oreja—. ¡Muy bien, cariño, muy bien!

Y después, dirigiéndose a Santi, añade:

—Si ha entrado contigo, que salga también contigo. Encárgate de que esta mosca desaparezca inmediatamente del obrador.

Doña Remedios y los otros empleados vuelven a sus ocupaciones. Sólo queda Santi, examinando el vaso con la mosca dentro, como si no confiase en la habilidad del niño. Luis le quiere decir que es mejor esperar un poco: pronto se le acabará el aire y el insecto se aturdirá. Pero el hombre lo mira con ojos de antipatía, y entonces prefiere mantener la boca cerrada.

Santi espera a que la mosca se canse de golpearse contra el vaso y entierre las patas en el chocolate, que ya casi se ha solidificado. Por fin, el bicho se queda inmóvil; parece que no tiene fuerzas para despegarse de aquella pasta. Entonces el hombre busca una bolsita de plástico y cubre el vaso con ella.

Levanta después el vaso, sólo un poquito. Únicamente la rendija necesaria para

que la mosca, ya atontada, se meta sola en la bolsa. Pero entonces el insecto, estimulado quizá por la energía que le ha dado el cacao, sale disparado por la boca de la bolsa, justo un instante antes de que Santi la cierre.

La mosca vuela libre otra vez, describiendo movimientos alocados por el aire. Seguramente está mareada de tanto chocolate. Santi, con la bolsa en la mano, va tras ella. Por fin, el bicho, ya cansado, se posa sobre la gran tela blanca sujeta a los carros de las bandejas.

De puntillas, Santi se va acercando a ella. El animal no se mueve de su sitio, parece agotado por tanto revoloteo. Le echa la bolsa encima, con un movimiento rápido, y la mosca queda atrapada dentro.

Pero, por el excesivo impulso de Santi, la tela blanca cede y los dos carros se mueven, acercándose uno al otro. Como no quiere soltar la bolsa, el hombre pierde el equilibrio. Mueve el cuerpo hacia atrás y hacia adelante, amenaza con desplomarse sobre el paño si nadie lo impide.

—¡No, no! —grita Lola desesperada, mientras corre a sujetar a Santi antes de que se caiga.

—¡El pastel! ¡El pastel del Casino! —exclama Charo, que también intenta agarrarlo antes del desastre.

Pero son esfuerzos inútiles. Santi se cae sobre el paño, arrastrándolo consigo. Luis puede contemplar fugazmente lo que hay tras la tela blanca: ¡el pastel más maravilloso que ha visto en su vida! Es enorme, con columnas de formas y alturas diversas, como rascacielos de una ciudad mágica emergiendo de un mar de oscuro chocolate.

Y Santi se cae, se cae como a cámara lenta, hasta que su cara se estrella contra el pastel con un sonoro ¡CHOOOFFF! Cuando Lola y Charo consiguen sacarlo de allí, el rostro de su compañero parece un borrón de colores mezclados. Algunas partes del pastel todavía están enteras, pero otras aparecen aplastadas o esparcidas por el suelo.

Doña Remedios mira el calendario, con expresión de fatalidad. Es jueves, el último jueves del mes. El jueves de las desgracias, una vez más. Pero nadie podrá decir nunca que su sobrino ha tenido algo que ver con aquel desastre. ¡Si alguien tiene la culpa de todo es el descuidado de Santi!

9
Una tarde magnífica

De vuelta en el autobús, sentado al lado de su madre, Luis permanece callado. En el asiento de enfrente reposa una caja enorme. La más grande que nunca se han llevado de la pastelería. Dentro hay un pedazo monumental de la parte del pastel que se ha salvado del desastre.

—Tranquilo, hijo. Tú no has hecho nada malo —le dice su madre, sonriendo por primera vez desde que se fueron—. Ya has visto que toda la culpa la

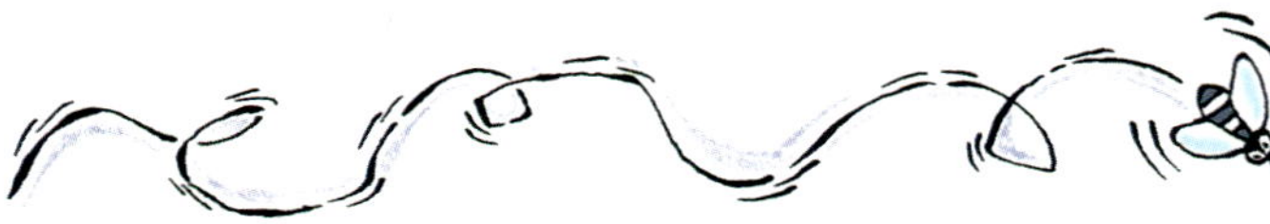

ha tenido Santi. Ese hombre parece un poco torpe.

—¿Y ahora qué pastel llevarán al Casino?

—Ya harán otro, tienen tiempo hasta mañana por la noche. Además, así lo probamos también nosotros. Remedios me ha asegurado que está delicioso.

—¿La tía no te ha dicho nada de mí? —pregunta Luis, con una pizca de temor.

—¿La tía? Me ha dicho que eres muy listo. Y que te traiga siempre que venga a visitarla, que da gusto ver lo formal que puedes ser.

Entonces Luis se calla y sonríe. ¡Una tarde redonda! ¡Todo ha sido formidable! Desde el chocolate tan rico que se ha tomado hasta la cara de tonto que se le ha puesto a Santi tras caerse sobre el paño.

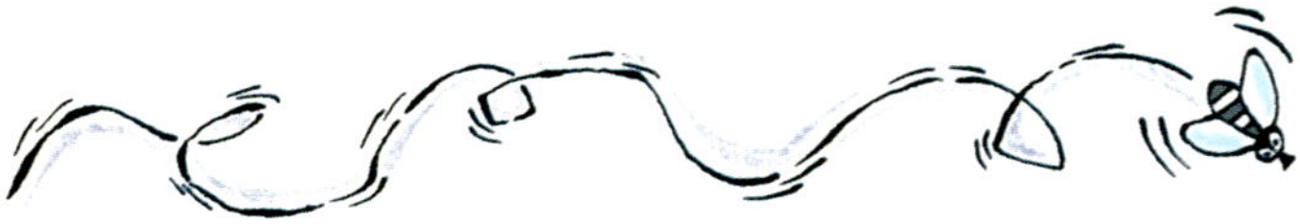

Además, en la caja llevan pastel para varios días. Y lo mejor, lo más maravilloso: dentro de un mes, volverá a la pastelería de la tía Remedios. Para él, las puertas de El Paraíso siguen abiertas de par en par.

Autor:

Agustín Fernández Paz nació en Vilalba (Lugo). Además de Perito Industrial, estudió Magisterio y se licenció en Ciencias de la Educación. Ha trabajado como profesor en diferentes lugares. Actualmente, vive en Vigo. Le encanta que le cuenten historias: de viva voz, en las páginas de un libro o de un cómic, en la oscuridad de un cine o a través de cualquiera de las pantallas que nos rodean. Y también le gusta escribirlas. En su faceta literaria, es uno de los escritores más prestigiosos de nuestra literatura para niños y jóvenes, ganador de algunos de los más importantes premios (como el Premio EDEBÉ, tanto en su Modalidad Juvenil como en la Infantil) y traducido a diversas lenguas.

Ilustradora:

Mabel Piérola nació en Madrid (1953). Realizó estudios de Bellas Artes en las Escuelas de San Fernando de Madrid, y Sant Jordi, de Barcelona. Ha participado en numerosos concursos y exposiciones individuales. Actualmente combina el trabajo de encargos con la elaboración de sus propias historias, utilizando diversas técnicas y estilos.